23209

LA

VRAIE PHILOSOPHIE

DE L'HISTOIRE.

LA VRAIE PHILOSOPHIE DE L'HISTOIRE,

OU

LA LUTTE, LA RENAISSANCE

ET

LE TRIOMPHE DU BIEN.

Poème

PHILOSOPHIQUE ET MORAL, DONT LE SUJET EST APPLIQUÉ

A L'ÉLOGE DE GERSON,

voté en France par l'Académie

AU 19ᵉ SIÈCLE.

> Si Gerson vénéré n'a pas un nom célèbre,
> De nombreux manuscrits le titre solennel
> Fit long-temps retentir son éloge funèbre,
> Avant que l'Hérésie eût renversé l'autel
> Consacré dans Lyon au Docteur immortel.

PAR J.-B.-M. GENCE,

Interprète-éditeur de l'*Imitation* de J.-C., auteur de la Vraie *Phrénologie*, ou l'Unité d'un principe intellectuel et moral dans l'homme.

PARIS,
IMPRIMERIE DE MOQUET ET COMPAGNIE,
RUE DE LA HARPE, 90.
1837.

PRÉAMBULE.

Dans son pur et vrai sens, si la Phrénologie
Proclame l'action d'un Être intelligent
Qui veut, produit et meut, dont l'homme est un agent,
Comment peut l'expliquer la Physiologie (1)?
Le champ de la science aujourd'hui s'agrandit.
L'histoire naturelle étend sans fin sa sphère ;
Et la philosophie à son tour s'enhardit.
Mais plus le savoir croit, moins l'esprit est matière ;
Et le mot de Descarte est plus vrai que jamais.
Je pense, donc je suis, élève désormais
Par un plus libre essor le classique langage ;
Tant l'histoire à l'esprit offre de nouveaux traits !
Mais, en incorporant la pensée et l'image,
Le romantisme outré défigure les faits.
Des êtres si divers la chaîne immense unie,
Par des liens secrets entretient l'harmonie.
L'unité dans le style en fait la vérité,

---

(1) Voir la Préface de la *Vraie Phrenologie.*

Comme le rhythme est un dans sa variété.

Après quatre cents ans renaît à la mémoire
Le docteur très-chrétien, le chancelier Gerson.
L'Académie enfin, qui vote son histoire,
Peut-être accueillerait des vers pleins de raison.
Mais je laisse, trop vieux, aux jeunes, cet hommage.
L'*Ode sur l'Infini*, puis sur les vanités,
Et ces vers sur Gerson, dans un grand plan traités,
Sont d'un méditatif le poétique ouvrage.
De Gerson renaissant grâce au profond sujet,
La lutte dont le bien triomphe, est mon objet.
La prose n'avait pu qu'exposer en cent pages
Les motifs sur l'auteur de l'*Imitation*,
Qui durent épuiser la contestation.
Quelques cents vers les ont résumés sans ambages.
Voisine du discours dans son expression,
La poésie au moins, sans être prosaïque,
De l'histoire en montrant l'objet philosophique,
Avec la gravité joint la concision.

LA VRAIE
PHILOSOPHIE
DE L'HISTOIRE,

ou

LA LUTTE, LA RENAISSANCE
ET LE TRIOMPHE DU BIEN.

Ire PARTIE.

LA LUTTE DU BIEN CONTRE LE MAL.

Après les Vents fougueux vient la Sérénité ;
Et des maux sort le bien, quand luit la Vérité.

Ainsi du grand Gerson ma Muse l'humble amie
Rendait à son Auteur l'Ecrit par lui dicté
Qu'en noircissant son nom lui dérobait l'Envie.
Mais son vrai Titre impose à l'Incrédulité,
Et l'écho retentit d'un nom ressuscité.

Simple, mais respecté, chez les savants célèbre,
L'éclat de ses discours, et le nom révéré
Qu'un Livre en grandissant a partout honoré,
Ont sonné, deux cents ans, son Oraison funèbre.

Les sectes, les partis, l'ont plutôt méconnu
Qu'ils n'ont fait oublier sa gloire, sa vertu.
Quel esprit plus humain, par une foi sublime,
A fait d'un philosophe un cœur plus magnanime?
Quel homme, en soumettant le plus sage dessein,
Non à l'aveugle Sort, mais à la Providence,
Qui nous laisse du *moi* la libre conscience (1),
De la philosophie a mieux connu la fin?
Pour lui du faux honneur brille en vain l'apparence,
Quoique du vrai l'image ait un attrait divin.

Tel *du Christianisme* un magique *Génie*
Confond par ses tableaux une Raison impie;
Mais il croit le plus fin, le plus moral Écrit,
D'un moine, au treizième âge, inspiré par le Christ (2).

Napoléon paraît : l'Etoile qui l'amène,
Du Théophilanthrope (3) efface l'ombre vaine.
Il rend l'Eglise au Christ et le Temple à Luther,
Semble une Providence (4), arrête l'anarchie,
Et d'un Code de lois dote la monarchie.
L'*Ode à l'Etre infini* combat du moins l'*Ether*,
Dieu d'un nouveau Lucrèce opposé par l'Enfer (5).

Des *Méditations* la Muse Bourguignonne (6),
Et d'un Helvétien la Prose, sous un Roi,
Aux Français importée, animeront la Foi (7).

(1) Voyez la *Vraie Phrénologie*, section III, § IV.
(2) Voyez le *Génie du Christianisme*, édition de M. le marquis de Fortia, in-12, pag. 105, et la note suivie de la Réponse, pag. 153, 160.
(3) La Réveillère Lepeaux, théiste, fondateur du culte théophilanthropique, après celui de la Raison.
(4) Bonaparte, Ier consul, semblait aux penseurs-philosophes, tels que le spiritualiste S. Martin et Châteaubriant, être une Providence et même le bras du Très-Haut.
(5) L'ode sur *Dieu ou l'Infini*, imprimée chez Leclère en 1801, fut lue à la Société académique des Sciences, au Louvre, pour l'opposer à un poème *sur la Nature*, lu par le citoyen Martin de Bussy.
(6) *Méditations poétiques* de Lamartine, 1820. — (7) *Méditations religieuses*, traduites de l'allemand, 1830-1836, attribuées à un docteur d'Arau, en Suisse, feu Heller.

Contre l'*Indifférence* une Muse Bretonne
S'élevait (1); mais, forçant l'évangélique Loi
Dans l'*Imitation* par ses pensers brodée
Et traduite bien moins que de ses traits lardée (2),
Le *Croyant* (3) a depuis frondé l'Autorité,
Et fait craindre en retour un désordre qu'entraîne
Le vent des passions, ce torrent emporté,
Que comprima trop bien d'une main souveraine,
Sous l'égide des Lois, un empire absolu.
Mais, contre l'étranger, son pouvoir étendu
Arma la nation : l'Europe sa rivale,
Qu'il vainquit, vit enfin son vainqueur abattu.
Un règne, modéré, mais faible, a prévalu.
Certe, une politique étroite, illibérale,
N'était point de Gerson la liberté morale,
Distinguant l'homme-esprit, de l'animalité (4).

Des luttes de partis dut sortir l'unité,
Et des libres pensers, malgré la divergence
De sentiments, jaillir du vrai la *Conscience*.

Son vif Organe, au sein de l'Université,
Administre pour tous l'instruction publique,
Qu'il sait coordonner au but philosophique,
Où tend, par degrés, l'homme, en la société (5).
Opposant aux écarts du hardi romantique
L'enseignement normal, élevé, mais classique,
La raison qu'il poursuit concourt à l'action
D'un Dieu, manifesté, sous un Roi pacifique,

---

(1) *Sur l'Indifférence en matière de religion*, par Lamennais.
— (2) *L'Imitation de J.-C.*, avec des réflexions, 1827 (Livr. III, chap. 23, *gustatâ suavitate supernæ felicitatis*, ayant trempé ses lèvres à la source des biens éternels).—(3)*Paroles d'un Croyant*, 1835.

(4) *Animalis homo non novit interni hominis libertatem.* Gers. *Imit.*, lib. III, cap. 53.

(5) Cette instruction progressive est bien digne d'être appliquée par M. Guizot, qui a professé avec tant de vérité et d'esprit la philosophie morale de l'histoire.

Par la haute Vertu, maternelle et civique (1),
Attirant nos enfants à la Religion.
   Ainsi la Providence, a d'un temps anarchique
Sauvé ses fils plongés dans la corruption.
   Au monde dégradé par le Romain déluge
L'Évangile apporta la réparation.
Ah ! combien ont subi la persécution !
Mais le chrétien, vainqueur, se venge et devient juge.
Alors contre l'Empire une réaction
Retrempe les esprits par la migration.
L'unité de l'Église offre un commun refuge.
Moins grossier, le barbare en vain polit ses mœurs.
L'ambition toujours sur un faux bien se fonde.
Les partis surgissant des vices corrupteurs,
Un grand schisme éclata.—L'Élite des docteurs (2)
Défend le droit, la paix, fait la leçon au monde
Par la raison, l'esprit, l'éloquente action.
   Gerson, zélé Pasteur, qui, dans la fonction
De chancelier, remplace un prélat par un sage (3),
Des princes et des grands énergique orateur (4),
Persécuté, souffrant, lutte avec le malheur,
Retranché sous le ciel se dérobe au pillage,
Combat les préjugés, les superstitions (5)
D'une époque en devins, en fausses visions,
Comme en erreurs, en trouble, en émeutes féconde.
Sévère et consolant, grave et pieux auteur,

   (1) D'une Reine dont la piété est un grand exemple et en quelque sorte une manifestation de la Providence.
   (2) Le docteur Gerson à la tête de l'Université. Voir ci-dessous, la note 3.
   (3) Gerson, pasteur de St.-Jean-en-Grève, remplace le chancelier D'Ailli, son maître et son ami, devenu évêque de Cambrai, qui lui résigne sa chancellerie.
   (4) Voir l'édition ancienne, en notre possession, de la harangue *Vivat Rex*; sur les abus et les divisions dans l'État, et dont Tissot a donné un court extrait; discours qui attira de graves persécutions à Gerson : sa maison fut pillée; il se retira dans les voûtes de l'église de Notre-Dame.
   (5) L'astrologie, les talismans, les visions, telles que celles de sainte Brigitte, etc.

Tout à tous, des enfans, des vieillards instructeur,
Il retrace du Christ cette raison profonde
Dont l'*Imitation* dans son langage abonde.

Quel auteur plus rempli de divine onction,
D'expérience humaine et de conviction,
Eût pu produire une œuvre aussi pleine de vie,
De candeur, de morale et de philosophie ?
Qu'il est noble, instructif, du Seigneur l'entretien,
Qui, dans maintes leçons, vives, spirituelles,
S'adressant au mondain comme à l'homme chrétien,
Au prélat comme au moine, aux maîtres, aux fidèles,
Par les puissants moyens qu'il expose et prescrit,
Meut le cœur, touche l'ame et captive l'esprit (1)!
Combien est grand l'auteur, qui se fait anathème
En fondant la Raison sur la Foi qu'établit
Un Mystère sacré, dans son livre suprême (2) !
Pélerin, mort au monde, aux vanités qu'il fuit,
Il pardonne, victime, aux méchants qu'il instruit;
En consolant les bons, lui-même se soulage.
La céleste Patrie est déjà son partage (3).

De Corneille rival, Montbrun, sois du quatrain,
Dans tes vers éloquents, la Muse pathétique (4).
Traduis le Testament du pauvre Pélerin,
Dont l'Épitre dernière est un vrai viatique,
Digne de terminer le livre eucharistique.

(1) Ce livre de l'*Entretien intérieur*, qui embrasse toutes les classes, paraît se rapporter au temps où Gerson avait toute sa maturité, et acquis la plus grande connaissance des hommes.
Les mots *septem tempora mutantur super me* (lib. III, cap. 40), pourraient indiquer le nombre septénaire accompli de 49 à 56 ans.
(2) Le livre IV, celui du Sacrement, paraît avoir été composé, au moins le dernier chapitre, après la défense du dogme au concile de Constance.
(3) Voir sa dernière Lettre, citée dans les vers suivants, écrite de Neubourg en Bavière, dans sa fuite, et publiée pour la première fois dans le *Jean Gerson restitué*. — Ses jours étaient menacés alors par le duc de Bourgogne.
(4) Voyez la traduction resserrée en quatrains, et surtout celle du livre IV, dont l'expression semble s'élever à la hauteur de ce livre.

IIme PARTIE.

LA RENAISSANCE DU BIEN.

Dans ces jours où se couve un feu réparateur,
Gerson, depuis trente ans, reparaît, comme auteur
D'un beau Livre, qu'une ombre étrangère, ennemie,
Obscurcit, mais qui luit des plus vives leçons
Plus l'âge ou plus le nom décèle sa Patrie (1),
Et qui, comptant aussi le plus de versions
Dans un français pétri de ses expressions (2),
Montre en ses vrais foyers sa naissance affermie.
De titres vains ou faux (3) il voit son nom vainqueur,
Sa doctrine éclairant de tout Français le cœur,
Et l'Université, de sa mère l'amie.
 Son nom résonne enfin; et notre Académie
Rompt le silence, vote une palme d'honneur
Pour qui loûra le mieux cet homme apostolique,
Porté par un amour vraiment patriotique
A défendre des droits seuls garants de la paix
Dans l'Église et l'État en proie à tant d'excès (4)!

(1) Les manuscrits nombreux portant le nom ou remontant plus ou moins à l'âge de Gerson, se trouvent être progressivement les plus corrects.
(2) Il existe aujourd'hui environ 70 traductions en français de l'*Imitation*. L'italien ne compte guère qu'une trentaine de versions, qui ne sont la plupart que l'ancienne, ramenée par degrés au texte latin, comme les éditions postérieures de la *Consolation*, rapprochées ou commentées du texte de l'*Imitation*.
(3) Des manuscrits, soit du transcripteur Kempis, soit d'un abbé Gessen, Gersem ou Gersen, homonyme de Gerson, pasteur de St.-Jean, dont la cure abbatiale était une commende de l'abbaye de St.-Nicaise de Reims.
(4) Par suite du grand schisme de l'Église et des divisions des grands de l'État, au commencement du 15e siècle.)

De l'ordre est né le droit. L'homme figure un Père,
Qu'au Fils unit l'Amour, comme une tendre mère,
Vif emblème du Ciel, où trois ne forment qu'un,
Et dont l'Esprit en Dieu fait le lien commun.
Fondée au nom du Christ, l'assemblée est l'Église (1).
Le dogme, son principe, est la Religion ;
La morale, sa loi ; l'amour, son action.
Si l'Église en concile, avec le Christ assise,
Est du cercle chrétien le centre universel,
L'Échelle hiérarchique a son sommet au Ciel.
La Primatie alors au Pontife est commise :
Du dogme décidant en conseil solennel,
Par l'esprit chrétien seul sa puissance est acquise.
L'Église dans le Pape, ou l'État dans le Roi,
Sous Grégoire ou Louis (2), du despote est la loi.
Bossuet cependant, de Gerson digne organe,
Défend du joug romain l'Église Gallicane.
Mais le grand Roi mollit, et le Pontificat
N'accorde qu'à l'Empire un libre concordat.
Louis, en protégeant la science lointaine,
Poursuivait sur la Grace une opinion vaine (3) ;
Et Bossuet soumis recherche dans Gerson
Si l'amour pur de Dieu condamne Fénélon (4).
Lui qui reproduisait de Gerson les maximes
N'arrête pas la main qui frappe les victimes.
Mais toujours louait-il la constante raison
D'où s'élevait au monde une grande leçon.
   L'Ere où sur les deux mers doit voguer l'Industrie (5),

(1) « Quand vous serez plusieurs assemblés en mon nom, je serai au milieu de vous, » dit J.-C.
(2) Le pape Grégoire VII, et Louis XIV dit le Grand.
(3) Les opinions des Jansénistes sur la grâce efficace.
(4) Bossuet, dans ses *États d'oraison*, cite Gerson pour motiver sa censure des Maximes des Saints, de Fénélon.
(5) L'Amérique découverte et la navigation dans l'Inde accourcie en doublant le cap de Bonne-Espérance.

Et qui va balancer l'art puissant du canon
Par l'éclat d'un travail gros de l'Imprimerie,
Vit l'Imitation, sortant de son berceau,
Multiplier, grandir, déployer son drapeau.
   Sur la tombe du Christ quand la Foi languissante
Attira du Croissant la secte envahissante,
La Providence alors a fait de l'Orient
Refluer la science et l'art vers l'Occident (1).
Telle l'Histoire offrant du bien la renaissance,
A la Religion doit sa morale essence.
Mais un schisme (2) a troublé l'Occident animé
Par le culte absolu de l'Orient armé (3).
   L'œuvre du nouveau Christ, dans leur course amollie,
N'a pu que rattacher aux pas du Bien-aimé,
Des Chrétiens divisés la doctrine affaiblie,
En prêchant la morale au parti *réformé*.
   Lorsque les grands entre eux déchiraient la Patrie,
Le grave Chancelier, s'il ose en magistrat
Blâmer un d'Orléans, en défend la mémoire,
Quand le frère du Roi tombe par l'attentat (4)
Dont le duc bourguignon a souillé son histoire.
Quel échec leur combat porte à la Royauté !
Et l'Hydre à triple tête est-ce la papauté ?
L'unité par Gerson tonne en la chaire à Pise.
Deux rivaux déposés ; un troisième démis
Dans l'angoisse fuyant (5), un nouveau pape admis (6),
L'unité rend la paix, dans Constance, à l'Église.
Mais Gerson, soutenant la loi de l'Équité

  (1) Après la prise de Constantinople par les Turcs en 1453.
  (2) Le Protestantisme s'étend par l'affaiblissement du pouvoir pontifical.
  (3) Le culte unitaire du Mahométisme contribue à l'extension du Protestantisme.
  (4) L'assassinat du duc d'Orléans, frère du roi, par le duc de Bourgogne.
  (5) Jean XXIII.
  (6) Martin V.

Pour faire condamner l'atrocité commise,
Sur le Duc tout-puissant ne l'a point emporté (1).
Il dérobe du moins aux ordres monastiques
L'instruction des clercs, les écoles laïques (2).
Au dogme il tente en vain de ramener Jean Hus ;
Mais du glaive de Pierre il réprouvait l'abus (3).

Ah ! qu'il est beau de voir du Siècle le grand homme
Aux chefs ambitieux opposer l'unité,
Faire aux Rois, au Concile, ouïr la vérité !
Son Oracle puissant eût su réformer Rome
En y frappant l'excès qui suit la liberté,
Si le monarque en France eût eu l'autorité (4).

C'est alors seulement que l'œuvre évangélique,
Comme l'éclair qui luit, sort de l'obscurité,
A travers le chaos de la chose publique,
Et reproduit l'esprit des lumineux écrits
Par les épreuves, l'âge et la raison mûris ;
Cet esprit qui, conforme au Livre qu'il explique, (5)
Devient de l'œuvre même une preuve authentique.
En présentant partout du Christ l'Imitateur,
Il rend une à jamais l'inséparable histoire
Du docte Chancelier et du pieux Auteur (6).

(1) Le duc de Bourgogne, défendu par un moine, était maître de Paris.

(2) Le dominicain Grabon, qui dénonçait les frères de la vie commune et les congrégations laïques instruisant la jeunesse, se rétracta, et non Hus, qui attaquait le dogme.

(3) Voir le sermon sur la Passion (Exposition du 4ᵉ texte sur l'abus de la puissance spirituelle). Ed. Dupin, tom. III, pag. 1167. Le sermon latin est traduit du français, dont un manuscrit est à la Bibliothèque Royale, à Paris, mais sans l'*Internelle Consolation*, qui est à la suite du même sermon français, découvert par M. Leroy à la Bibliothèque de Valenciennes.

(4) Le malheureux Charles VI était errant et en démence.

(5) L'esprit des œuvres morales de Gerson se retrouve dans l'*Imitation*. Voyez *Jean Gerson restitué et expliqué* par lui-même.

(6) Voir l'article *Gerson* dans la *Biographie universelle*; les *Nouvelles Considérations* historiques et critiques sur l'auteur de l'*Imitation*, 1832, et l'ouvrage cité ci-dessus à l'appui de ces Considérations, 1836. Paris, chez l'auteur, rue Ste.-Croix-de-la-Bretonnerie, n° 22.

IIIme PARTIE.

LE TRIOMPHE DU BIEN.

Quand, sur tout Livre humain, emportant la victoire,
Son œuvre à plus d'un titre honore la mémoire
Du Docteur éclairé, du sage Instituteur,
Qu'un texte simple et pur en partage la gloire !
Bien que, moins recherché du mondain amateur,
Il ne soit point paré d'ornement accessoire,
Et que de ses leçons le docte admirateur
Bossuet, Fénélon et les anciens Pères,
N'y refléchissent point leurs pensers salutaires,
Qu'au texte unit si bien un heureux traducteur (1).
Mais peut-être ai-je assez mérité de l'ouvrage
Pour qu'après quarante ans d'un studieux labeur,
On accorde du moins l'honorable avantage
D'un modeste fleuron au *correct* Éditeur,
Au Traducteur *fidèle* (2), en couronnant l'hommage
Dû tout entier à l'homme, au maître docte et sage,
Digne, dit Bossuet dont le nom n'est point vain,
D'avoir été l'auteur de ce Livre divin,
Qui montre tant de sens, de raison, de courage !
A son texte, Guizot, Villemain et Cousin,
Promoteurs de l'Éloge, ont rendu témoignage (3).

(1) La traduction publiée par l'abbé d'Assance, avec des Réflexions à chaque chapitre et des vignettes et arabesques encadrées.

(2) Auteur de l'édition latine avec notes, revue sur les manuscrits, publiée en 1826, Paris, Treuttel et Würtz, et d'une traduction nouvelle, mise au jour d'après le texte revu, 1820 ; l'une et l'autre jugées, l'une très-correcte, l'autre fidèle au texte, et adoptées par le Conseil royal de l'Instruction publique pour l'usage des colléges de l'Université.

(3) Voyez la Décision du Conseil, du 22 mai 1835, citée ci-dessus, et insérée dans le Moniteur du 16 Juin 1835.

Qu'un Éloge historique embrasse tous les faits,
Lorsque l'homme moral est un des plus parfaits.
Un bon Duc (1), d'un aïeul oubliant la vengeance,
Fit transcrire dans l'or et la magnificence
Un double et grand recueil de mystiques Extraits.
Le *second* Fragment reste, où de Gerson les traits,
Précédés d'un *Miroir* dit *de la Patience*
Montrent l'auteur prêchant du Christ la Passion.
Suit d'un même dessin la *Consolation*.
Tu l'as vue, Onésime (2), ah! donne connaissance
Du Livre dont le titre exprime l'onction.
Dis s'il coule de source, ou si sa diction,
Du latin commentée, en a pris la naissance.
Mais c'est toujours l'esprit, la même expression
Qui procréa le *Mont de contemplation*
Où s'élève l'auteur de l'un et l'autre ouvrage (3).

Un Titre précieux dans le latin langage,
Ou l'*Imitation*, pour moi le plus beau don,
Est le plus renommé sous le nom de Gerson,
Dont une miniature y peint la jeune image,
Grâce aux soins d'un neveu, contemporain de l'âge (4).
Puis du docteur plus mûr un Portrait capital
M'a de ses traits gravés offert l'original (5).
L'ancien Chancelier qui sous mon toit rayonne,
Semble encor présider les docteurs de Sorbonne.

(1) Philippe, dit le Bon, duc de Bourgogne, pieux ami des arts, vers 1460. Il semblait expier par sa piété les faits atroces de son aïeul, dont les Cabochiens étaient les partisans.

(2) Onésime Leroy, publiant la découverte de l'*Internelle Consolation*, avec le sermon de Gerson sur la Passion, à la Bibliothèque de Valenciennes, dépositaire de ce manuscrit.

(3) Voyez aux pag. 16 et 17 de *Jean Gerson* restitué et expliqué par lui-même, les passages parallèles du Traité *de Monte Contemplationis* avec l'*Imitation* de J.-C. et l'*Internelle Consolation*.

(4) Ce beau manuscrit in-folio, célèbre dans la Contestation, et mentionné par Launoy, est décrit dans les Prolégomènes de l'édition latine déjà citée.

(5) Cette ancienne peinture, découverte par un autre Leroy, (N.F.) ancien agent du Chapitre de Paris, est en ma possession.

Ah ! qu'un lustre nouveau sur lui rejaillirait,
Si ses doctes votants contemplaient son Portrait !
　Mais un fait décisif que l'auteur même donne,
Et qui, sans la trancher résout la question,
C'est maint écrit moral, qui, de l'œuvre le thème,
Par le ton et le sens, à l'*Imitation*
Offre un rapport marquant ; ce n'est plus un problème !
Gerson *restitué* s'explique par lui-même (1).
　O prodige ! un Essai de notre nourrisson,
De Louvel, dont l'esprit a mûri la raison,
Résumant en entier l'écrit qui vient de naître,
Et qu'il caractérise, est un vrai coup de maître (2) :
Quand Grégory soulève un impuissant débat ;
Que l'ombre d'un grand nom paraît avec éclat
Au Panthéon lettré, mais bientôt effacée,
Par le texte français du traducteur Beauzée (3),
Faute de combattants, cesse enfin le combat.
　Comme Bacon, Gerson, l'oracle de son age,
Méritait d'enrichir du Panthéon l'ouvrage.
Le philosophe anglais, moraliste chrétien,
A dans son interprète un bien docte soutien :
S'il n'a tout recueilli, l'annotateur Lasalle,
Qui n'omet point des faits la *recollection*,
Le commente et défend, le complète et l'égale (4) ;
Et sa Biographie attend la mention
D'une *Balance* où Dieu donne l'impulsion,
Et d'une œuvre à-la-fois *mécanique* et morale

---

　(1) Cette brochure contient une grande partie des passages parallèles des *œuvres morales* de Gerson et de l'*Imitation*.
　(2) Voyez l'article de juillet 1836 du *Journal général de la Littérature de France*, signé J. L. L. (Louvel), où il est rendu un compte exact et clair de la brochure ci-dessus mentionnée.
　(3) *L'Ombre d'un grand nom*, autre article du même journal sur le Gersen du *Panthéon littéraire*.
　(4) Antoine La Salle, traducteur et commentateur des œuvres philosophiques et historiques de Bacon, dont le *Sylva Sylvarum* fait partie, est auteur de la Balance naturelle et de la Mécanique morale, que nous avons fait connaître dans sa biographie encore inédite.

Mais dont le but du moins est la Religion.

Qu'une Encyclopédie à l'homme docte, utile,
Tel que Gerson ou tel que le sage Ducis (1),
Par Husson dirigée, ouvre un champ plus fertile,
Qui soit le manuel de la classe civile (2)!

Enfin qu'un Biographe éloquent et précis
(A dit l'Académie en des termes concis) (3),
Peigne Gerson l'esprit dégagé d'ignorance,
Opposant la raison, mère de la science,
Et le génie, ami de la Religion,
A l'Eglise, à l'Etat, pleins d'agitation!

« Tour à tour (dit encor l'organe académique)
«Ambassadeur des grands, instructeur des petits, »
Il semble dérober à la gloire publique
Son Livre, pour tous temps, fait pour tous les esprits.
Quel homme demandait aux enfants pour salaire
Cette quotidienne et naïve prière,
Le soir, en terminant à genoux sa leçon (4) :
« Seigneur, ayez pitié du serviteur Gerson! »
Quel autre que l'auteur d'un frappant parallèle
De ce fait si touchant du pauvre Serviteur
Avec un double trait conforme à son modèle (5),
Du livre inimitable est vraiment l'éditeur?

Un chancelier enfant, est-il leçon plus belle!
Et de l'humble Gerson quel exemple fidèle
Le professeur Hersan, maître du bon Rollin,

---

(1) Voir une note, pag. 38, du *Jean Gerson restitué*, où sont citées les *Études sur Ducis*, de M. Onésime Leroy.

(2) M. Auguste Husson, l'un des principaux rédacteurs de l'*Encyclopédie des connaissances utiles*, appelé à la direction de cet ouvrage qui doit reprendre un nouveau cours.

(3) Consulter le programme de l'*Éloge de Gerson mis au concours* pour 1838 (Extrait du *Moniteur*, du 1er août 1836).

(4) Dans l'église de St. Paul de Lyon.

(5) Phrases parallèles du traité *de Monte Contemplationis* et du livr. III, chap. 58, de l'*Imitation*. Voy. *Jean Gerson restitué*, pag. 16.

Le physicien Reynard, patron de Vauquelin (1),
Ont donné, dans nos jours, en vouant leur vieillesse
Au soin de diriger l'enfance et la jeunesse !
 Le pieux dévoûment, cité par Villemain
Au programme éloquent de l'Eloge historique,
Est lui-même un trait noble et caractéristique
Qui peint, dans l'homme grave, un esprit surhumain.

(1) Voyez les articles *Hersan* et *Reynard*, dans la *Biographie universelle*.

ÉPILOGUE.

Ainsi du divin Maître imitant la leçon,
T'abaissant au niveau d'un simple nourrisson,
Les enfants t'ont conquis la gloire de leur Père !
En attirant au Christ les fils de l'homme-Dieu,
Que ton traité, traduit du latin par Tardieu (1),
Recueilli par Guizot pour l'école primaire,
Soit de l'enseignement la base élémentaire !
Gerson était pour tous un médecin moral.
Marillac et Sacy furent ses interprètes (2),
Et Corneille et Montbrun ses éloquents poètes.
Quel traducteur fidèle, et non moins littéral
Et naïf que l'ancien, peut marcher son égal ?
Corneille développe, en vers par fois sublimes,
Les leçons que Montbrun frappe en vives maximes.
Les docteurs Hamon, Nauche, ont, par l'art médical (3),
Des vierges, des enfants, bienfaiteurs salutaires,
A l'instar de Gerson, soulagé leurs misères.
Nauche, par le vaccin, a, durant quarante ans,
Sauvé, sans prix, la vie à des milliers d'enfants (4).

(1) Notre estimable ami Tardieu l'aîné, de Nancy, vient de traduire le précieux traité de Gerson, *De parvulis ad Christum trahendis*.

(2) Marillac, l'ancien et naïf traducteur de l'*Imitation*, en 1621, et de Sacy, auteur d'une élégante paraphrase, en 1662.

(3) Le docteur Hamon, célébré par Boileau, était le médecin de Port-Royal, et même il fut l'instructeur des dames et des petites écoles, après l'exil des maîtres.

(4) Le docteur Jacques Nauche, médecin consultant des jeunes Aveugles et de la Société Maternelle, auteur d'ouvrages sur les maladies des enfants et d'un excellent traité des maladies des femmes.

Ah! Gerson n'a trouvé qu'aux Cieux la récompense
De ses soins qu'il donnait à la plus tendre enfance !
  Son amour le décèle ; il se découvre à fond.
De ses œuvres l'esprit, vingt Titres sous son nom,
L'Académie enfin, l'ont rendu manifeste.
Au sensible Docteur, dont le Portrait nous reste,
La *Consolation* offre un nouveau feston.
  Qu'enfin Labouderie en soit le Biographe (1) !
Quand dans un corps lettré maint historiographe (2),
Quand Daunou, Fortia, Villenave, Guillon (3),
Comme auteur du grand Livre ont reconnu Gerson ;
Que le *Sursum corda*, sa sublime Épigraphe (4),
De ses saintes vertus consacrant le renom,
Donne à l'historien et l'accent et le ton !
La *Religion* seule ennoblit la mémoire ;
Et sa philosophie est le sceau de l'histoire.
  Puissé-je, par la Foi, de l'Espoir le soutien,
Lorsqu'enfin sur le mal le triomphe du bien
A l'immortalité fermement me fait croire,
Et que j'ai dévoué de mes ans le long cours
Au Livre de Gerson, grâce aux divins secours,
Avoir une humble place à sa céleste gloire !

(1) M. l'abbé Jean Labouderie, éditeur d'une version revue de Beauzée, travaille à l'histoire du docte et pieux chancelier Gerson, qu'il reconnaît être l'auteur de l'*Imitation*, dite vulgairement de la *Consolation intérieure*.

(2) L'Académie des Inscriptions et Belles-Lettres.

(3) Dans divers articles du journal des Savants, entre autres celui de décembre 1826. — Témoignages divers de M. le Marquis et madame la Marquise de Fortia. — Mémorial de l'Église Gallicane en 1808, et Annales littéraires, 1812, par M. Villenave père, et une Épître d'une mâle énergie par Théodore Villenave, son fils, 1829. — Lettre d'un docteur de Sorbonne (M. Aimé Guillon de Mont-Léon), sur notre traduction et celle de M. Genoude.

(4) Son image fut placée, avec cette épigraphe ou devise, sur l'autel érigé en son honneur à la chapelle de St.-Laurent, qui n'existe plus. Voyez les vers en tête ou au frontispice de ce Poème.

POST-SCRIPTUM.

La nuit, en méditant, j'avais, dans l'insomnie,
Célébré de Gerson le renaissant Génie.
J'apprends que la Sorbonne hier (*) en retentit,
Et semblait réfléchir ce que ma Muse eût dit,
Quand sur Châteaubriant, Lamennais, Lamartine
Comme s'il eût connu ma propre expression,
Lacretelle inspiré, dans la chaire divine,
Préconisait l'auteur de *l'Imitation!*
Combien je suis heureux si ma vive Pensée
Jusqu'aux voûtes du Temple avec force élancée,
A produit un Écho, qui confirme à Gerson
D'un Livre sous son nom l'éclatante leçon !
La fin couronne l'œuvre ; et du vrai la semence,
Fait renaître le bien : c'est-là ma récompense.

(*) C'est par M. O'Donnel, ecclésiastique irlandais, qui assistait la veille au cours d'histoire du Professeur de Sorbonne, que j'ai appris cette nouvelle le 2 décembre 1836.

www.ingramcontent.com/pod-product-compliance
Lightning Source LLC
Chambersburg PA
CBHW060628050426
42451CB00012B/2482